ALPHABET

ILLUSTRÉ

PAR

K. GIRARDET, GRANDVILLE, SAGOT ET WERNER

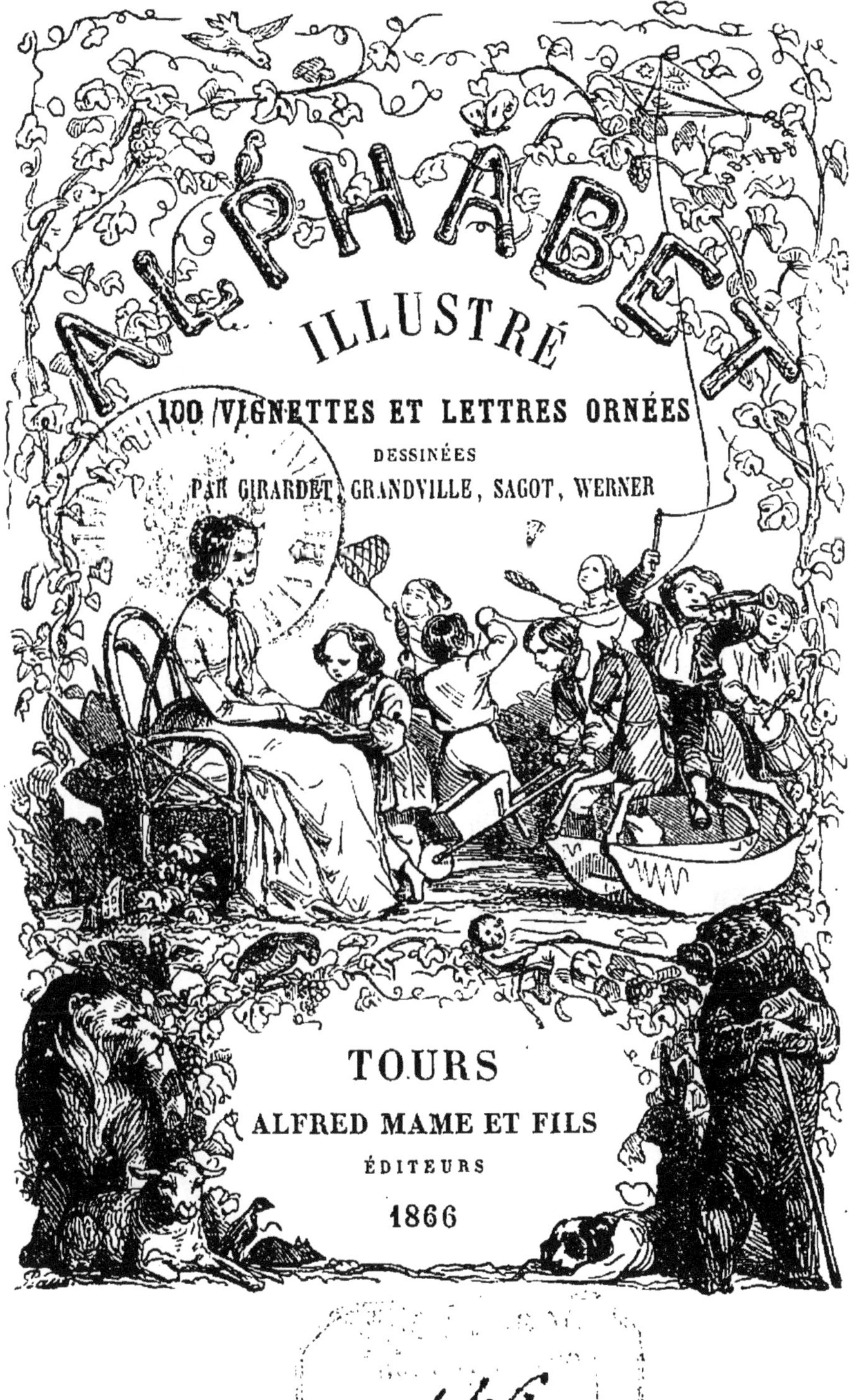

ALPHABET
ILLUSTRÉ
100 VIGNETTES ET LETTRES ORNÉES
DESSINÉES
PAR GIRARDET, GRANDVILLE, SAGOT, WERNER
TOURS
ALFRED MAME ET FILS
ÉDITEURS
1866

1re LEÇON.

LETTRES MAJUSCULES.

N O P

Q R S

T U V

X Y Z

2e LEÇON.

LETTRES MINUSCULES

a b c d e

f g h i j

k l m n o

p q r s t

u v x y z

3ᵉ LEÇON.

MINUSCULES ITALIQUES.

a b c d e

f g h i j

k l m n o

p q r s t

u v x y z

4ᵉ LEÇON.

MAJUSCULES ILLUSTRÉES.

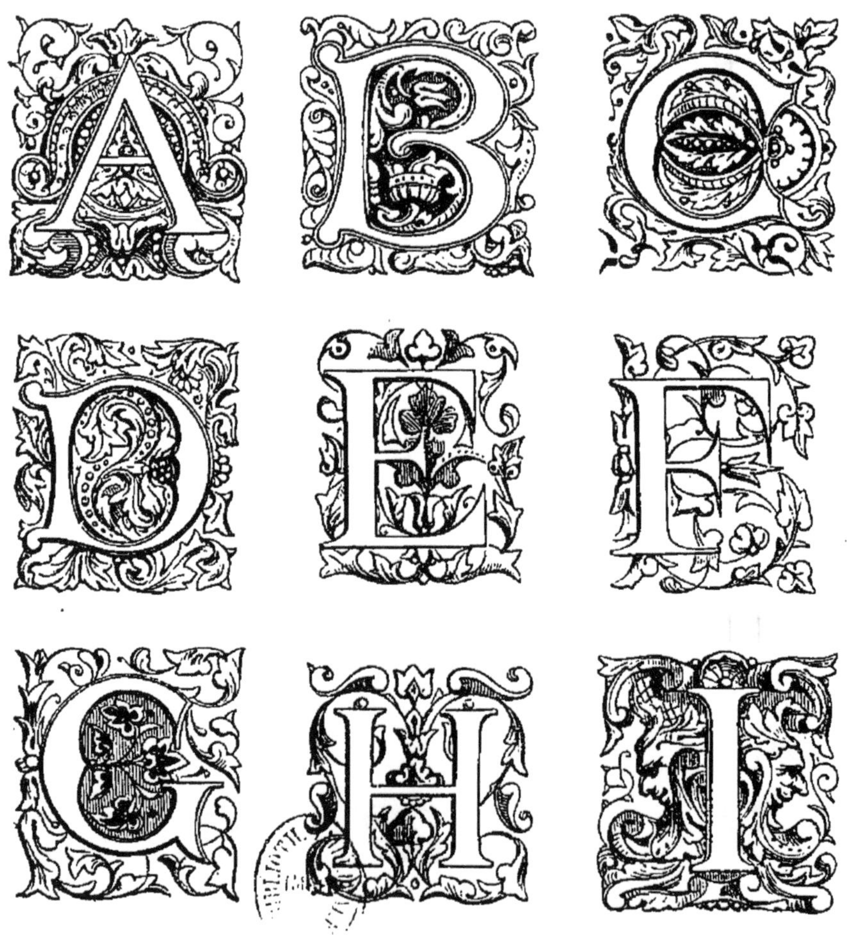

5ᵉ LECON.

Aigle.   **B**uffle.

Chien.   **D**aim.

Écureuil.

Fouine.

Geai.   Hippopotame.

Ibis.

Jaguar.

Kamichi.

Lion.

Marmotte.

Nocturne.
(Chauve-Souris.)

Oiseau-mouche.

Pigeon.

Quadrupède.
(Cheval.)

Renne.

Souris et Rat.

Taupe.

VaUtour.

LynX.

HYène.

Zèbre.

6ᵉ LEÇON.

VOYELLES ET CONSONNES.

Il y a deux espèces de lettres : les *voyelles* et les *consonnes.*

Les voyelles sont :

$$a, e, i \text{ ou } y, o, u.$$

Chacune de ces voyelles représente un son.

[Toutes les autres lettres de l'alphabet sont des consonnes. On ne peut prononcer les consonnes sans le secours des voyelles, c'est-à-dire qu'on ne peut pas former un son avec une consonne seule.]

7ᵉ LEÇON.

LES ACCENTS.

Les accents sont des signes qu'on place au-dessus des voyelles, le plus ordinairement pour modifier le son qu'elles représentent.

Il y a trois accents :

L'accent aigu (´);

L'accent grave (`);

L'accent circonflexe (^).

8ᵉ LEÇON.

[Exiger seulement des enfants qu'ils trouvent eux–mêmes les syllabes dans lesquelles la voyelle A sonne franchement, et leur dire les autres syllabes du mot. Les syllabes qu'il faut leur dire sont en *italique.*]

A

A ba ta *ge*

Ba ra *que*

Ba sa *ne*

Ca ba *ne*

Ca la *mi* té

Ca ma ra *de*

Ca na *ri*

Ca ra *fe*

Ca sa *que*

Da *me*

Da *van* ta *ge*

Fa ça *de*

Ga ba *re*

Ga na *che*

Ha *ri* cot

Ha *sard*

Ja *bot*

La va *ge*

La za *re*

Ma *man*

Ma la *de*

Na ta *ti* on

Sa la *de*

Sa va *te*

Ta ba *tiè re*

Ta *lon*

Ta pa *ge*

Va *che*

Va ga *bond*

9ᵉ LEÇON.

[Dans cette leçon, on exigera de l'enfant qu'il trouve les syllabes où l'A et l'E sonnent franchement. Pour cela cette dernière voyelle doit être accentuée.]

E

Bé né *di ci* té

Bé né *fi ce*

Ché *ri*

Dé *bal* la *ge*

Dé *fi* lé

Dé *so* lé

É té

Fa *ci li* té

Fé *li ci* té

Fé *ro ci* té

Gé né *ro si* té

Hé *ri* ta *ge*

Hé *ron*

Lé *gu me*

Mé ca *ni que*

Mé *chant*

Mé *di* ca *ment*

Mé *tal*

Pâ té

Pè *le ri* na *ge*

Pé *li can*

Pro pri é té

Ré cré a *ti on*

Ré pé *ter*

Sé na *teur*

Té mé *rai re*

Té mé *ri* té

Vé né ra *ti on*

Vé *ri* té

Vé té *ran*

10e LEÇON.

[Exiger que l'enfant trouve lui-même la syllabe où les voyelles A — E — I sonnent franchement.]

I Y

Bi ri bi

Bi *set*

Ci ra *ge*

Ci ta din

Ci vi li té

Cy près

Di vi ni té

Fi dé li té

Fi la *teur*

Hi *bou*

Hi la ri té

I ta li *e*

Li bé ra li té

Li ma *çon*

Lu ci di té

Mi né ra *lo* gi *e*

Mi ra *bel le*

Mi ra *cu leux*

My ri a mè *tre*

Pi *lo te*

Pi ra *te*

Py ra mi *de*

Ri ca *ner*

Ri di *cu le*

11ᵉ LEÇON.

[Exiger de l'enfant qu'il trouve lui-même les syllabes où les voyelles A—E—I—Y—O sonnent franchement.]

O

Bo bo

Bo ca *ge*

Bo ta ni *que*

Co li *que*

Co lo *nel*

Do do

Do mi ni *cal*

Do mi no

Ho no *rer*

Hô pi *tal*

Lo ca li té

Lo go gri *phe*

Lo to

Mo na co

Mo no lo *gue*

Mo ri *bond*

No ta bi li té

No va *teur*

No vi *ce*

Pi co *ter*

Po li

Po li chi *nel le*

Po li ti *que*

Po sé

Ro sa li *e*

Rô ti

Ro *ton* di té

So ci a bi li té

So na *te*

Sy no *de*

To lé *ran ce*

Ton na *ge*

To po gra phi *e*

To ta li té

Vo ca li *ser*

Vo ci fé *rer*

Vo ra ci té

12ᵉ LEÇON.

[Exiger de l'enfant qu'il trouve lui-même toutes les syllabes où une des voyelles sonne franchement.]

U

Bi tu *me*

Bu *che*

Bu *reau*

Cu pi di té

Du ra *ble*

Du *re* té

Du *vet*

Fu né *rai re*

Fu té

Fu *tur*

Hu *meur*

Hu mi di té

Ju bi lé

Ju *ge*

Ju *ment*

Ju pi *ter*

Ju *pon*

Lu mi *nai* re

Lu ti *ner*

Nu a *ge*

Nu mé ra ti *on*

Nu mé ro

Pu *ce*

Pu *nir*

Re çu

Ri di cu *le*

Ru *de*

Ru mi *ner*

Ru sé

Su *cre*

Sû *re* té

Sy co mo *re*

Tu bé *reu se*

Tu li *pe*

Tu ni *que*

Tu té *lai re*

Vul né ra *ble*

13ᵉ LEÇON.

SUR LES ACCENTS

———

Pâ-te	Prê-tre
Pâ-té	Gî-te
É-lè-ve	Vô-tre
Pro-cès	Nô-tre
A-pô-tre	Fê-te
Dé-vot	Ac-cès

Pro-phè-te

Tem-pê-te

Pu-pî-tre

Flû-te

Blâ-me

14ᵉ LEÇON.

SUR L'E MUET.

Ro-se	O-ra-ges
Lu-ne	Pru-nes
Pla-ce	Pom-mes
Ché-ri-e	Prai-ri-es
Frai-se	An-ges
Ca-rot-te	
Pro-fon-des	

15ᵉ LEÇON.

SUR LES DIPHTHONGUES.

———

Dieu	Pier-re
Vieux	Sei-ze
Mien	Peau
Tien	Oi-seau
Sien	Cour-sier
Fier-té	Beau-té

Pain	Puis-sant
Oie	Quin-ze
Feu	Tour-ner
Au-tour	Fe-nouil
Or-teil	Des-sein
Or-gueil	Mail-let

Cou-ra-geux

Che-vreuil

La-bo-ri-eux

É-ven-tail

Stu-di-eux

Il ai-me-rait

Ils bâ-ti-raient

Ils chan-te-raient

Ils se bat-traient

16ᵉ LEÇON.

SUR LA RÉUNION DE PLUSIEURS CONSONNES.

Rang   Ha-reng

Sta-ble   Ro-bert

Sta-tue   Sci-en-ce

Ar-dent   Ser-pent

Fau-bourg

Spec-ta-cle

Splen-deur

Stu-pi-di-té
Phé-no-mè-ne
Tri-cheur
Chro-ni-que
Chré-ti-en
Jé-sus Christ
Rhyth-me
Asth-me
Sphinx
Thlas-pi

17ᵉ LEÇON.

LA PONCTUATION.

[Les signes de la Ponctuation servent à séparer ces groupes de mots formés d'après le sens, et qu'on appelle des phrases ou des membres de phrases. Ils ont tous une valeur particulière.]

Les signes de la Ponctuation sont :

Le Point (.)
La Virgule (,)
Le Point et Virgule (;)
Les deux Points (:)
Le Point d'interrogation (?)
Le Point d'exclamation (!)

A a

LECTURES
COURANTES

A·bri·co·ti·er

C'est l'ar–bre sur

le-quel pous-sent ces bons a-bri-cots que le pe-tit Hen-ri ai-me tant. Le fils du jar-di-ni-er lui en jet-te un gros dans sa blou-se.

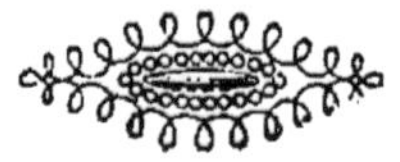

B b

Ba-teau

—

Vois ce pe-tit Ba-

teau. C'est ce-lui de Tho-mas le pê-cheur. Il va je-ter son fi-let pour pren-dre des pois-sons.

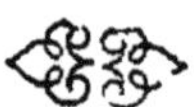

C   c

Car-pe

—

Voi-ci main-te-

nant un gros pois-
son que Tho-mas
a pris. C'est u-ne
Car-pe. Il la vend à
u-ne cui-si-ni-è-re.

D d

Di·man·che

—

Le Di-man-che

est un jour de pri-
è-re et de re-pos.
Voi-là u-ne pe-ti-te
fil-le qui va à la
mes-se a-vec sa
ma-man.

E

e

É·vê·que

—

Voi·ci trois pe·tits

en-fants aux-quels mon-sei-gneur l'É-vê-que don-ne sa bé·né·dic·ti·on. C'est sans dou-te par-ce qu'ils ont é·té bien sa·ges et par·ce qu'à l'é·gli·se ils ne tour·nent pas la tê-te.

F f

Fu - sil

—

Ces deux en–fants

re-gar-dent le Fu-
sil de leur pa-pa ;
mais ils n'y tou-
chent pas. Leur pa-
pa leur a dé-fen-
du d'y tou-cher. Le
Fu-sil est char-gé,
et ils pour-raient se
tu-er en le pre-nant.

G   g

Gâ - teau

—

Oh ! le beau Gâ—

teau que cet-te ma-
man ap-por-te à
ses en-fants! Il faut
qu'ils aient é – té
bien sa·ges, et qu'ils
aient lu leur le-çon
sans fai-re la plus
lé-gè-re fau-te.

H h

Hon·te

Ju-li-en a l'air

tout hon-teux ; il
bais-se la tê-te et
pleu-re. C'est par-
ce que sa ma-man
le gron-de. Il a dé-
chi-ré sa blou-se
et ta-ché son pan-
ta-lon a-vec de
l'en-cre.

I   i

Im·pru·den·ce

Les voy-ez-vous

jou-er a-vec les ra-soirs de leur pa-pa, qui vient de se fai-re la b ar-be? Pe-tits im-pru-dents, re-met-tez bien vi-te ces ra-soirs sur la ta-ble.

J j

Jar·di·ni·er

—

Cet-te i-ma-ge

re-pré-sen-te un Jar-di-ni-er et un pe-tit gar-çon. Le pe-tit gar-çon re-gar-de com-ment il faut s'y pren-dre pour bé-cher son pe-tit jar-din.

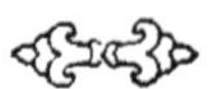

K k

Ka · ka · to · ès

—

Oh! le jo–li Per–

ro-quet ! Bon-jour, Jac-quot ! Si je n'a-vais pas peur de ton gros bec cro-chu, je te ca-res-se-rais. Sais – tu par-ler ? Dis-moi donc quel-que cho-se.

L l

La·veu·se

Il fait bien froid. Cet-te

ma-man et sa fil-le ont un man-teau et un man-chon pour ca-cher leurs mains. Et ce-pen-dant cet-te La-veu-se, à ge-noux au bord de la ri-vi-è-re, est ob-li-gé-e, pour ga-gner sa vi-e, de te-nir tou-te la jour-né-e ses mains dans l'eau gla-cé-e.

M m

Mou-ton

—

Quand on pen-se, dit An-

na, que c'est a-vec la lai-ne
d'un Mou-ton com-me ce-lui-
ci que l'on a fait mon man-
teau de drap! Ma-man m'a
ex-pli-qué ce-la l'au-tre jour,
et bien d'au-tres cho-ses en-
co-re.

N　　n

Nè·gre

Cet hom-me tout noir est

un Nè-gre. Les Nè-gres
ha-bi-tent les pays les plus
chauds de la ter-re. Ce-lui-
ci est en ce mo-ment oc-cu-
pé à cou-per de grands ro-
seaux d'où l'on ti-re le su-cre.
Aus-si ap-pel-le-t-on cette es-
pè-ce de ro-seaux des can-nes
à su-cre. Ces can-nes crois-
sent dans le pays des Nè-gres.

Ours

—

Al-lons, dan-se, Mar-tin!

Voi-là ce que dit cet hom-me qui tient un bâ-ton à la main. Aus-si-tôt l'Ours se dres-se sur ses pat-tes de der-ri-è-re et se pro-mè-ne en tour-nant. Tu as beau fai-re le gen-til, mon-sieur l'Ours, tu ne se-ras ja-mais qu'un gros lour-daud.

P

P

Pri-è-re

Re-gar-dez bien ces deux

en-fants. C'est le frè-re et la sœur; a-vant de se cou-cher ils se sont mis à ge-noux de-vant leur lit, et ils font leur Pri-è-re du soir. Ils de-man-dent ce soir au bon Dieu d'ê-tre bien sa-ges de-main. Le bon Dieu les en-tend, et leur ac-cor-de-ra ce qu'ils lui de-man-dent.

Q q

Que·nouil·le

Vous fi-lez donc tou-jours,

la mè - re Ma - thu - rin ? —
Dame! mes pe-tits en-fants, il
le faut bien , puis-que je suis
trop vieil-le pour fai-re au-tre
cho-se d'u-ti-le. Quand j'é-
tais jeu-ne com-me vous, je
jou-ais; a-près j'ai tra-vail-lé
bien fort dans les champs;
main - te - nant je gar-de la
mai-son, et je fi-le.—Au re-
voir, mè-re Ma-thu-rin.

R r

Ra - quet - te

Char - les vient de manquer son coup. Le vo-lant est tom-bé par ter-re. Oh! le grand mal-a-droit! dit sa sœur. La pe-ti-te fil-le a tort, car tout à l'heu-re c'est el-le qui lais-se-ra tom-ber le vo-lant, et Char-les se mo-que-ra d'el-le à son tour.

S  s

Se - rin

Voi-ci u-ne gran-de ca-ge

où il y a beau-coup de jo-lis oi-seaux : deux Se-rins, trois Char-don-ne-rets, un Pin-son, et d'au-tres petits oi-seaux dont je vous di-rai le nom u-ne au-tre fois. Ils chan-tent, ils sif-flent, ils ga-zouil-lent tous à la fois. Oh! les vi-lains ta-pa-geurs! Chan-tez donc les uns a-près les au-tres.

T   t

Tam - bour

Ra - ta - plan !   ra - ta - plan !

Voi-là les Tam-bours de la gar-de na-ti-o-na-le qui pas-sent. Oh! le beau Tam-bour ma-jor, a-vec sa can-ne dont la pom-me de cui-vre do-ré re-lu-it au so-leil! Il pa-raît bien con-tent de son col-back sur-mon-té d'un plu-met, et de son ha-bit ga-lon-né.

U   u

U - si - ne

Vo-yez-vous ces ou-vri-ers

qui tra-vail-lent et cet-te gran-
de roue qui tour-ne? Rien
n'est plus cu-ri-eux que de vi-
si-ter u-ne U-si-ne, où u-ne
seu-le ma-chi-ne à va-peur
fait mou-voir u-ne fou-le de
sci-es, de li-mes, de mar-teaux
qui cou-pent et a-pla-tis-sent
le fer.

V v

Va·che

Sa-vez - vous   ce   que   fait

cet-te fem-me as-si-se à cô-té de cet-te Va-che blan-che? El-le la trait. Quand son pot se-ra plein, el-le le por-te-ra chez el-le, et fe-ra u-ne bon-ne sou-pe au lait pour le dé-jeu-ner de son pe-tit gar-çon, qui l'at-tend sans pleu-rer.

X   x

Xy·lo·gra·phi·e

C'est au moy-en de la Xylo-gra-phi-e que l'on a fait tou-tes les bel-les i-ma-ges qui sont dans ce li-vre. El-les ont d'a-bord é-té dé-cou-pé-es sur u-ne ta-blet-te de buis, en-sui-te im-pri-mé-es sur le pa-pier.

Y y

Yo - le

Vous voy - ez dans cet - te

i-ma-ge deux en-fants, le frè-re et la sœur, que leur pa-pa pro-mè-ne sur la ri-vi-è-re dans un pe-tit ba-teau très-é-troit et très-lé-ger, que l'on ap-pel-le u-ne Yo-le.

Z z

Zi·be·li·ne

Vois-tu, Ma-ri-e, ce pe-tit

a - ni - mal avec son mu-seau
poin - tu et son corps très-
al-lon-gé? C'est u-ne Mar-tre
Zi - be - li - ne. C'est avec la
peau des Zi - be - li - nes que
l'on fait les plus beaux man-
chons. On re - con - naît leur
four-ru-re en ce que le poil
res - te cou - ché du cô - té
où on le met.

CHIFFRES

1	2	3	4	5
un	deux	trois	quatre	cinq
6	7	8	9	0
six	sept	huit	neuf	zéro

Avec ces dix Chiffres, qu'on appelle Chiffres arabes, on peut écrire tous les nombres imaginables.

—Paul, quelle heure est-il?

—Maman, je n'en sais rien.

—Regarde à la pendule.

—Maman, c'est que je ne connais pas ces chiffres-là.

—Ce sont des Chiffres ro-
mains ; les voici :

l	. . .	1
ll	. . .	2
lll	. . .	3
lV	. . .	4
V	. . .	5
VI	. . .	6
VII	. . .	7
VIII	. . .	8
IX	. . .	9
X	. . .	dix
XI	. . .	onze
XII	. . .	douze.

(Midi ou Minuit.)

PRIÈRE

Notre Père qui êtes aux cieux, que votre nom soit sanctifié ; que votre règne arrive ; que votre volonté soit faite sur la terre comme au ciel : donnez-nous aujourd'hui notre pain quotidien ; et pardonnez-nous nos offenses, comme nous pardonnons à ceux qui nous ont offensés ; et ne nous laissez pas succomber à la tentation, mais délivrez-nous du mal. Ainsi soit-il.

DEVOIRS
DES PETITS ENFANTS

LE RÉVEIL.

A votre réveil, mon cher enfant, faites le signe de la croix, et dites du fond du cœur : « Mon Dieu, faites qu'aujourd'hui je sois bien sage. »

LA PRIÈRE DU MATIN.

Dès que vous serez habillé, mettez-vous à genoux, et récitez la prière que votre maman vous a apprise.

LES LEÇONS.

Quand votre maman vous appellera pour étudier, quittez

aussitôt votre jeu sans témoigner de mauvaise humeur. Souvenez-vous, mon enfant, que le seul moyen d'apprendre vite et bien une leçon, c'est de s'appliquer de toutes ses forces. Celui qui étudie en rechignant s'ennuie, et met souvent une journée entière à apprendre ce qu'il pourrait facilement savoir en une demi-heure.

LES REPAS.

A table, tenez-vous tranquille; mangez proprement, et prenez garde de répandre de la sauce ou du vin sur la nappe ou sur vous. Ne parlez pas quand les grandes per-

sonnes parlent ; ne les inter-
rompez pas pour leur deman-
der ceci ou cela. Habituez-vous
à manger tout ce qu'on vous
donne, et que la gourman-
dise ne vous fasse pas manger
quand vous n'avez plus faim.

LES JEUX.

Ne jouez jamais à des jeux
auxquels votre papa ou votre
maman vous ont défendu de
jouer. Quand ils vous défen-
dent un jeu, ce n'est pas pour
vous contrarier ni pour vous
priver, c'est dans la crainte
qu'il ne vous arrive quelque
malheur. Soyez complaisant
pour vos camarades ; ne les

taquinez pas, surtout ceux qui sont plus petits que vous.

LA PRIÈRE DU SOIR.

Avant de vous mettre au lit, agenouillez-vous, et faites votre prière du soir. Si, dans la journée, vous avez commis quelque désobéissance ou quelque vilaine action, pensez-y pour la regretter, et promettez à Dieu de ne plus retomber dans la même faute.

Enfin, que votre dernière pensée soit pour Dieu, qui vous a créé, comme votre première pensée a été ce matin pour lui.

FABLES CHOISIES

DE

LA FONTAINE

(Ces gravures sont extraites des *Fables de la Fontaine*
illustrées par *Grandville*; 1 volume grand in-18,
publié par Alfred Mame et fils, contenant 240 sujets,
1 pour chaque fable.)

La Cigale et la Fourmi.

La cigale ayant chanté,
Tout l'été,
Se trouva fort dépourvue
Quand la bise fut venue :
Pas un seul petit morceau
De mouche ou de vermisseau.
Elle alla crier famine
Chez la fourmi, sa voisine,

La priant de lui prêter
Quelque grain pour subsister
Jusqu'à la saison nouvelle. —
Je vous paierai, lui dit-elle,
Avant l'oût, foi d'animal,
Intérêt et principal.
La fourmi n'est pas prêteuse,
C'est là son moindre défaut. —
Que faisiez-vous au temps chaud ?
Dit-elle à cette emprunteuse. —
Nuit et jour à tout venant
Je chantais, ne vous déplaise. —
Vous chantiez, j'en suis fort aise !
Eh bien ! dansez maintenant.

Le Corbeau et le Renard.

Maître corbeau, sur un arbre perché,
Tenait en son bec un fromage.
Maître renard, par l'odeur alléché,
Lui tint à peu près ce langage :
Hé ! bonjour, monsieur du corbeau,
Que vous êtes joli ! que vous me semblez beau !
Sans mentir, si votre ramage
Se rapporte à votre plumage,
Vous êtes le phénix des hôtes de ces bois.

A ces mots, le corbeau ne se sent pas de joie ;
Et, pour montrer sa belle voix,
Il ouvre un large bec, laisse tomber sa proie.
Le renard s'en saisit et dit : *Mon bon Monsieur,*
Apprenez que tout flatteur
Vit aux dépens de celui qui l'écoute.
Cette leçon vaut bien un fromage, sans doute.
Le corbeau, honteux et confus,
Jura, mais un peu tard, qu'on ne l'y prendrait plus.

La Grenouille qui se veut faire aussi grosse que le Bœuf.

Une grenouille vit un bœuf
Qui lui sembla de belle taille.
Elle, qui n'était pas grosse en tout comme un œuf,
Envieuse, s'étend, et s'enfle, et se travaille
Pour égaler l'animal en grosseur;
Disant : Regardez bien, ma sœur;
Est-ce assez? dites-moi; n'y suis-je point encore? —

Nenni.—M'y voici donc? — Point du tout. — M'y voilà? —
Vous n'en approchez point. La chétive pécore
   S'enfla si bien qu'elle creva.

Le monde est plein de gens qui ne sont pas plus sages :
Tout bourgeois veut bâtir comme les grands seigneurs,
   Tout petit prince a des ambassadeurs,
   Tout marquis veut avoir des pages.

Le Rat de ville et le Rat
des champs.

Autrefois le rat de ville
Invita le rat des champs,
D'une façon fort civile,
A des reliefs d'ortolans.

Sur un tapis de Turquie
Le couvert se trouva mis.
Je laisse à penser la vie
Que firent ces deux amis.

Le régal fut fort honnête,
Rien ne manquait au festin;
Mais quelqu'un troubla la fête
Pendant qu'ils étaient en train.

A la porte de la salle
Ils entendirent du bruit:
Le rat de ville détale;
Son camarade le suit.

Le bruit cesse, on se retire:
Rats en campagne aussitôt;
Et le citadin de dire:
Achevons tout notre rôt.

C'est assez, dit le rustique,
Demain vous viendrez chez moi.
Ce n'est pas que je me pique
De tous vos festins de roi :

Mais rien ne vient m'interrompre;
Je mange tout à loisir.
Adieu donc. *Fi du plaisir*
Que la crainte peut corrompre.

Le Loup et l'Agneau.

La raison du plus fort est toujours la meilleure :
Nous l'allons montrer tout à l'heure.

Un agneau se désaltérait
Dans le courant d'une onde pure.
Un loup survient à jeun, qui cherchait aventure,
Et que la faim en ces lieux attirait.
Qui te rend si hardi de troubler mon breuvage?
Dit cet animal plein de rage :

Tu seras châtié de ta témérité.
Sire, répond l'agneau, que Votre Majesté
        Ne se mette point en colère;
        Mais plutôt qu'elle considère
        Que je me vas désaltérant,
            Dans le courant,
        Plus de vingt pas au-dessous d'elle;
Et que par conséquent, en aucune façon,
        Je ne puis troubler sa boisson.
Tu la troubles! reprit cette bête cruelle;
Et je sais que de moi tu médis l'an passé.
Comment l'aurais-je fait si je n'étais pas né?
        Reprit l'agneau; je tette encore ma mère. —
        Si ce n'est toi, c'est donc ton frère. —
Je n'en ai point. — C'est donc quelqu'un des tiens,
        Car vous ne m'épargnez guère,
        Vous, vos bergers et vos chiens.
On me l'a dit : il faut que je me venge.
        Là-dessus au fond des forêts
        Le loup l'emporte, et puis le mange,
        Sans autre forme de procès.

Le Renard et la Cigogne.

Compère le renard se mit un jour en frais,
Et retint à dîner commère la cigogne.
Ce régal fut petit et sans beaucoup d'apprêts :
        Le galant, pour toute besogne,
Avait un brouet clair; il vivait chichement.
Ce brouet fut par lui servi sur une assiette :
La cigogne au long bec n'en put attraper miette;
Et le drôle eut lapé le tout en un moment.
        Pour se venger de cette tromperie,

A quelque temps de là, la cigogne le prie.
Volontiers, lui dit-il; car avec mes amis
        Je ne fais point cérémonie.
    A l'heure dite, il courut au logis
        De la cigogne son hôtesse,
        Loua très-fort sa politesse;
        Trouva le dîner cuit à poin
Bon appétit surtout; renards n'en manquent point.
Il se réjouissait à l'odeur de la viande
Mise en menus morceaux, et qu'il croyait friande.
        On servit, pour l'embarrasser,
En un vase à long col et d'étroite embouchure.
Le bec de la cigogne y pouvait bien passer;
Mais le museau du sire était d'autre mesure.
Il lui fallut à jeun retourner au logis,
Honteux comme un renard qu'une poule aurait pris,
        Serrant la queue, et portant bas l'oreille.
        Trompeurs, c'est pour vous que j'écris:
        Attendez-vous à la pareille.

Le Chêne et le Roseau.

Le chêne un jour dit au roseau :
Vous avez bien sujet d'accuser la nature ;
Un roitelet pour vous est un pesant fardeau ;
Le moindre vent qui d'aventure
Fait rider la face de l'eau,
Vous oblige à baisser la tête ;
Cependant que mon front, au Caucase pareil,

Non content d'arrêter les rayons du soleil,
    Brave l'effort de la tempête.
Tout vous est aquilon, tout me semble zéphir.
Encor si vous naissiez à l'abri du feuillage
    Dont je couvre le voisinage,
    Vous n'auriez pas tant à souffrir;
    Je vous défendrais de l'orage;
    Mais vous naissez le plus souvent
Sur les humides bords des royaumes du vent.
La nature envers vous me semble bien injuste.
Votre compassion, lui répondit l'arbuste,
Part d'un bon naturel; mais quittez ce souci;
    Les vents me sont moins qu'à vous redoutables :
Je plie, et ne romps pas. Vous avez jusqu'ici
    Contre leurs coups épouvantables
    Résisté sans courber le dos;
Mais attendons la fin. Comme il disait ces mots,
Du bout de l'horizon accourt avec furie
    Le plus terrible des enfants
Que le nord eût portés jusque-là dans ses flancs.
    L'arbre tient bon, le roseau plie.
    Le vent redouble ses efforts,
    Et fait si bien qu'il déracine
Celui de qui la tête au ciel était voisine,
Et dont les pieds touchaient à l'empire des morts.

Conseil tenu par les Rats.

Un chat nommé Rodilardus
Faisait des rats telle déconfiture
Que l'on n'en voyait presque plus,
Tant il en avait mis dedans la sépulture.
Le peu qu'il en restait, n'osant quitter son trou,
Ne trouvait à manger que le quart de son soûl;
Et Rodilard passait, chez la gent misérable,
Non pour un chat, mais pour un diable.
Or un jour qu'au haut et au loin

Le galant alla chercher femme,
Pendant tout le sabbat qu'il fit avec sa dame,
Le demeurant des rats tint chapitre en un coin
        Sur la nécessité présente.
Dès l'abord, leur doyen, personne fort prudente,
Opina qu'il fallait, et plus tôt que plus tard,
Attacher un grelot au cou de Rodilard;
        Qu'ainsi, quand il irait en guerre,
De sa marche avertis, ils s'enfuiraient sous terre :
        Qu'il n'y savait que ce moyen.
Chacun fut de l'avis de monsieur le doyen :
Chose ne leur parut à tous plus salutaire.
La difficulté fut d'attacher le grelot.
L'un dit : Je n'y vas point, je ne suis pas si sot;
L'autre : Je ne saurais. Si bien que sans rien faire
        On se quitta. J'ai maints chapitres vus
        Qui pour néant se sont ainsi tenus;
Chapitres, non de rats, mais chapitres de moines;
        Voire chapitre de chanoines.

*Ne faut-il que délibérer,
La cour en conseillers foisonne;
Est-il besoin d'exécuter,
L'on ne rencontre plus personne.*

Le Lion et le Rat.

Il faut, autant qu'on peut, obliger tout le monde :
On a souvent besoin d'un plus petit que soi.

De cette vérité deux fables feront foi,
    Tant la chose en preuves abonde.

    Entre les pattes d'un lion,
Un rat sortit de terre assez à l'étourdie.

Le roi des animaux, en cette occasion,
Montra ce qu'il était, et lui donna la vie.
  Ce bienfait ne fut pas perdu.
  Quelqu'un aurait-il jamais cru
  Qu'un lion d'un rat eût affaire?
Cependant il avint qu'au sortir des forêts
  Ce lion fut pris dans des rets,
Dont ses rugissements ne le purent défaire.
Sire rat accourut, et fit tant par ses dents,
Qu'une maille rongée emporta tout l'ouvrage.

  Patience et longueur de temps
  Font plus que force ni que rage.

La Colombe et la Fourmi.

L'autre exemple est tiré d'animaux plus petits.
Le long d'un clair ruisseau buvait une colombe,
Quand sur l'eau se penchant une fourmis y tombe,
Et dans cet océan l'on eût vu la fourmis
S'efforcer, mais en vain, de regagner la rive.
La colombe aussitôt usa de charité :
Un brin d'herbe dans l'eau par elle étant jeté,
Ce fut un promontoire où la fourmis arrive.

Elle se sauve. Et là-dessus
Passe un certain croquant qui marchait les pieds nus ;
Ce croquant, par hasard, avait une arbalète.
Dès qu'il vit l'oiseau de Vénus,
Il le croit en son pot, et déjà lui fait fête.
Tandis qu'à le tuer mon villageois s'apprête,
La fourmis le pique au talon.
Le vilain retourne la tête :
La colombe l'entend, part, et tire de long.
Le souper du croquant avec elle s'envole :
Point de pigeon pour une obole.

Le Renard et le Bouc.

Capitaine renard allait de compagnie
Avec son ami bouc des plus haut encornés :
Celui-ci ne voyait pas plus loin que son nez ;
L'autre était passé maître en fait de tromperie.
La soif les obligea de descendre en un puits :
      Là chacun d'eux se désaltère.
Après qu'abondamment tous deux en eurent pris,
Le renard dit au bouc : Que ferons-nous, compère?

Ce n'est pas tout de boire, il faut sortir d'ici.
Lève tes pieds en haut et tes cornes aussi ;
Mets-les contre le mur : le long de ton échine
  Je grimperai premièrement ;
  Puis, sur tes cornes m'élevant,
  A l'aide de cette machine,
  De ce lieu-ci je sortirai,
  Après quoi je t'en tirerai.
Par ma barbe, dit l'autre, il est bon ; et je loue
  Les gens bien sensés comme toi.
  Je n'aurais jamais, quant à moi,
  Trouvé ce secret, je l'avoue.
Le renard sort du puits, laisse son compagnon,
  Et vous lui fait un beau sermon
  Pour l'exhorter à patience.
Si le Ciel t'eût, dit-il, donné par excellence
Autant de jugement que de barbe au menton,
  Tu n'aurais pas, à la légère,
Descendu dans ce puits. Or, adieu ; j'en suis hors :
Tâche de t'en tirer, et fais tous tes efforts ;
  Car pour moi j'ai certaine affaire
Qui ne me permet pas d'arrêter en chemin.

En toute chose il faut considérer la fin.

Le Loup et la Cigogne.

Les loups mangent gloutonnement.
Un loup donc, étant de frairie,
Se pressa, dit-on, tellement
Qu'il en pensa perdre la vie :
Un os lui demeura bien avant au gosier.
De bonheur pour ce loup, qui ne pouvait crier,
Près de là passe une cigogne.

Il lui fait signe; elle accourt.
Voilà l'opératrice aussitôt en besogne.
Elle retira l'os, puis, pour un si bon tour,
Elle demanda son salaire.
Votre salaire! dit le loup :
Vous riez, ma bonne commère !
Quoi! ce n'est pas encor beaucoup
D'avoir de mon gosier retiré votre cou !
Allez, vous êtes une ingrate :
Ne tombez jamais sous ma patte.

L'Ane et le petit Chien.

Ne forçons point notre talent,
Nous ne ferions rien avec grâce :
Jamais un lourdaud, quoi qu'il fasse,
Ne saurait passer pour galant.

Peu de gens, que le Ciel chérit et gratifie,
Ont le don d'agréer infus avec la vie.

C'est un point qu'il leur faut laisser,
Et ne pas ressembler à l'âne de la fable,
Qui, pour se rendre plus aimable
Et plus cher à son maître, alla le caresser.
Comment! disait-il en son âme,
Ce chien, parce qu'il est mignon,
Vivra de pair à compagnon
Avec monsieur, avec madame;
Et j'aurais des coups de bâton!
Que fait-il? Il donne la patte;
Puis aussitôt il est baisé :
S'il en faut faire autant afin que l'on me flatte,
Cela n'est pas bien malaisé.
Dans cette admirable pensée,
Voyant son maître en joie, il s'en vient lourdement,
Lève une corne tout usée,
La lui porte au menton fort amoureusement,
Non sans accompagner, pour plus grand ornement,
De son chant gracieux cette action hardie.
Oh! oh! quelle caresse! et quelle mélodie!
Dit le maître aussitôt. Holà, Martin-bâton!
Martin-bâton accourt, l'âne change de ton.
Ainsi finit la comédie.

Le Pot de terre et le Pot de fer.

Le pot de fer proposa
Au pot de terre un voyage.
Celui-ci s'en excusa,
Disant qu'il ferait que sage
De garder le coin du feu :
Car il lui fallait si peu,
Si peu, que la moindre chose
De son débris serait cause :

Il n'en reviendrait morceau.
Pour vous, dit-il, dont la peau
Est plus dure que la mienne,
Je ne vois rien qui vous tienne.
Nous vous mettrons à couvert,
Repartit le pot de fer :
Si quelque matière dure
Vous menace d'aventure,
Entre deux je passerai,
Et du coup vous sauverai.
Cette offre le persuade.
Pot de fer son camarade
Se met droit à ses côtés.
Mes gens s'en vont à trois pieds
Clopin-clopant comme ils peuvent,
L'un contre l'autre jetés
Au moindre hoquet qu'ils treuvent.
Le pot de terre en souffre ; il n'eut pas fait cent pas
Que par son compagnon il fut mis en éclats,
Sans qu'il eût lieu de se plaindre.

Ne nous associons qu'avecque nos égaux :
Ou bien il nous faudra craindre
Le destin d'un de ces pots.

Le petit Poisson et le Pêcheur.

Petit poisson deviendra grand,
Pourvu que Dieu lui prête vie;
Mais le lâcher en attendant,
Je tiens pour moi que c'est folie :
Car de le rattraper il n'est pas trop certain.

Un carpeau qui n'était encore que fretin
Fut pris par un pêcheur au bord d'une rivière.

Tout fait nombre, dit l'homme en voyant son butin ;
Voilà commencement de chair et de festin :
    Mettons-le en notre gibecière.
Le pauvre carpillon lui dit en sa manière :
Que ferez-vous de moi? Je ne saurais fournir
    Au plus qu'une demi-bouchée.
    Laissez-moi carpe devenir :
    Je serai par vous repêchée ;
Quelque gros partisan m'achètera bien cher :
    Au lieu qu'il vous en faut chercher
    Peut-être encore cent de ma taille
Pour faire un plat : quel plat! croyez-moi, rien qui vaille.
Rien qui vaille! eh bien, soit, repartit le pêcheur :
Poisson, mon bel ami, qui faites le prêcheur,
Vous irez dans la poêle, et, vous avez beau dire,
    Dès ce soir on vous fera frire.

Un Tiens vaut, ce dit-on, mieux que deux Tu l'auras ;
    L'un est sûr, l'autre ne l'est pas.

La Poule aux œufs d'or.

L'avarice perd tout en voulant tout gagner.
Je ne veux, pour le témoigner,
Que celui dont la poule, à ce que dit la fable,
Pondait tous les jours un œuf d'or.
Il crut que dans son corps elle avait un trésor :
Il la tua, l'ouvrit, et la trouva semblable

A celles dont les œufs ne lui rapportaient rien,
S'étant lui-même ôté le plus beau de son bien.

Belle leçon pour les gens chiches !
Pendant ces derniers temps, combien en a-t-on vus
Qui du soir au matin sont pauvres devenus,
Pour vouloir trop tôt être riches !

Le Lièvre et la Tortue.

Rien ne sert de courir; il faut partir à point :
Le lièvre et la tortue en sont un témoignage.
Gageons, dit celle-ci, que vous n'atteindrez point
Sitôt que moi ce but. Sitôt! êtes-vous sage ?
     Repartit l'animal léger !
     Ma commère, il vous faut purger
     Avec quatre grains d'ellébore. —
     Sage ou non, je parie encore.

Ainsi fut fait, et de tous deux
On mit près du but les enjeux.
Savoir quoi, ce n'est pas l'affaire,
Ni de quel juge l'on convint.
Notre lièvre n'avait que quatre pas à faire;
J'entends de ceux qu'il fait lorsque, près d'être atteint,
Il s'éloigne des chiens, les renvoie aux calendes,
Et leur fait arpenter les landes.
Ayant, dis-je, du temps de reste pour brouter,
Pour dormir, et pour écouter
D'où vient le vent, il laisse la tortue
Aller son train de sénateur.
Elle part, elle s'évertue,
Elle se hâte avec lenteur.
Lui cependant méprise une telle victoire,
Tient la gageure à peu de gloire,
Croit qu'il y va de son honneur
De partir tard. Il broute, il se repose :
Il s'amuse à toute autre chose
Qu'à la gageure. A la fin, quand il vit
Que l'autre touchait presque au bout de la carrière,
Il partit comme un trait; mais les élans qu'il fit
Furent vains : la tortue arriva la première.
Eh bien! lui cria-t-elle, avais-je pas raison?
De quoi vous sert votre vitesse?
Moi l'emporter! et que serait-ce
Si vous portiez une maison!

Le Coche et la Mouche.

Dans un chemin montant, sablonneux, malaisé,
Et de tous les côtés au soleil exposé,
　　　Six forts chevaux tiraient un coche.
Femmes, moines, vieillards, tout était descendu :
L'attelage suait, soufflait, était rendu.
Une mouche survient, et des chevaux s'approche,
Prétend les animer par son bourdonnement,

Pique l'un, pique l'autre, et pense à tout moment
        Qu'elle fait aller la machine,
S'assied sur le timon, sur le nez du cocher.
        Aussitôt que le char chemine,
        Et qu'elle voit les gens marcher,
Elle s'en attribue uniquement la gloire,
Va, vient, fait l'empressée : il semble que ce soit
Un sergent de bataille allant en chaque endroit
Faire avancer ses gens et hâter la victoire.
        La mouche, en ce commun besoin,
Se plaint qu'elle agit seule, et qu'elle a tout le soin ;
Qu'aucun n'aide aux chevaux à se tirer d'affaire.
        Le moine disait son bréviaire :
Il prenait bien son temps ! une femme chantait :
C'était bien de chansons qu'alors il s'agissait !
Dame mouche s'en va chanter à leurs oreilles,
        Et fait cent sottises pareilles.
Après bien du travail le coche arrive au haut.
Respirons maintenant, dit la mouche aussitôt :
J'ai tant fait que nos gens sont enfin dans la plaine.
Çà, messieurs les chevaux, payez-moi de ma peine.

Ainsi certaines gens, faisant les empressés,
        S'introduisent dans les affaires :
        Ils font partout les nécessaires,
Et partout importuns, devraient être chassés.

TOURS. — IMPRIMERIE MAME.